아름다운 적멸

박호영 시선집

아름다운 적멸

Selected Poems of Ho Young Park

동학사

■ 시인의 말

늦깎이 시인으로 등단하여 시를 써 온 지도 어느덧 20년의 세월이 흘렀다. 그동안의 시들을 살펴보니 부끄러울 만큼 부족한 시들이 너무나 많다. 그나마 좀 나은 시들을 추려내어 시선집을 펴낸다. 네 번째 시집을 발간한 지 얼마 되지 않았는데 이렇게 시선집을 내는 데에는 다른 사정도 있지만, 일단 이것으로 나의 詩業을 정리하고 싶은 마음에서이다.

나이가 든 탓인지 시적 감성이 점점 무뎌간다. 그를 감안한다면 어쩌면 이 책이 나의 마지막 시집이 되지 않을까 하는 생각이다. 다행히 삶을 마치기 전에 간간이 시가 쓰여져 또 한 권의 시집 분량이 된다면 그것은 나의 유고시집이 될 것이다.

깊어가는 가을 속에서 머지않아 찾아올 죽음을 예감한다. 내 나름으로는 죽음은 또 다른 새로운 삶의 시작이라는 신념을 갖고 있다. 현생에서 내게 어떤 운명이 주어졌는지 모르지만, 모든 것을 감사하게 받아들이며 담담히 살고 싶다. 이 시집을 지난 5월 암으로 갑자기 세상을 떠난 큰아들의 靈前에 바친다

– 2021. 9.

강릉 宜山齋에서 박호영

아름다운 적멸

박호영 시선집

01

02

03

04

01

아름다운 적멸寂滅

벚꽃 떨어지고 있다

소리 없이 가는 하얀 적멸

한 순간의 삶에도 아무 미련 없으니

땅 위에 누운 모습마저 아름답다

콧구멍을 들여다보지 못하네

부처와 수보리*의 문답을 보면
수미산이 아무리 높아도
하늘 아래에 있고
하늘은 콧구멍 속의 미진微塵이라 했거늘
거울 없는 중생들이
자기 콧구멍을 들여다보지 못하네

---

* 수보리須菩提 : 석가모니의 십대 제자 중의 한 사람.

혜가慧可*에 대한 공상

중생을 구할 가르침을 얻으려면
붉은 눈을 내리게 하라는
달마의 주문에
서슴없이 자신의 한 쪽 팔을 자른 혜가.
피 흘러 주위의 눈밭이 온통 붉어졌으니
붉은 눈 내린 것 아니고 무엇이랴.
그 이후 아무래도 이상한 것은
그 팔이 없어지지 않았으니
세상 돌부리에 걸려 넘어진 자들을
혜가가 일으키려 할 때마다
잘려 나간 팔은 그의 몸 그 자리로
되돌아와 멀쩡한 팔이 되어
능숙한 솜씨로 그를 도와주는 것이었다.

---

* 혜가慧可(487~593) : 중국 스님. 선종 제2조. 40세에 달마를 찾아가 눈 속에 앉아 가르침을 구하고, 마침내 자신의 왼팔을 끊어 허락을 받아내고 크게 깨달음.

풀 한 포기의 절

그 옛날 부처께서 길을 가다가
어느 곳을 가리켜 절을 짓고 싶다 하니
거기에 풀 한 포기 꽂으며
절을 다 지어 놓았다고
응수한 이도 있었다는데
하기야 절이 어디 따로 있는 것인가
마음 안에 절이 있으면
수시로 그 절을 드나들며
불공을 드릴 수 있는 것이요
마음 밖에서는 절뿐만이 아니라
어떤 화려한 집도 집이 아닌 것이니

즉비卽非*

백합이 지고 작약도 지고
우아함도 잠깐
화려함 역시 한 순간
그 꽃들이 남긴 말
맹목盲目의 어리석음 벗어나
눈에 보이는 것에
너무 기대지 말고
눈에 보이지 않는 것도
눈여겨 볼지니
그러면 백합이 항상 그대 곁에 있고
작약도 비로소 작약일 것이니

---

* 눈 앞에 있는 사물이 눈에 보이지만 그 실체는 아니라는 말.

정야靜夜

산사의 종소리가
개울 위에 드러눕는다.

붉은 달이 하늘에서 내려와
화인火印을 찍는다.

소리 떠나 보낸 종메가
그제야 잠이 든다.

월인천강月印千江 1

달이 이 강 저 강 빛을 뿌리고 있다
가뭄에 물줄기가 약해진 샛강에도
어김없이 달빛은 뿌려진다

달의 공덕을 받은 강들은
이 세상 어둠을 헤치며
바다에 다다를 때까지 웅얼거린다

모든 것은 언젠가 스러진다고
스러진 속에서 다시 태어난다고
저 나름의 설법을 하고 있다

우리의 손이 닿을 수 없는 곳에서
시방 강물의 소리를 들으며
달은 밝게 웃고 있다

월인천강 2

당신께로 가는 길이
이렇게 먼 줄 몰랐습니다
언제나 환히 길을 비추시기에
그 길을 따라 걸어가기만 하면
이내 당신을 만나는 줄 알았습니다
그러나 걷다 보니 길은
두 갈래 세 갈래로 갈라지고
어느 길이 정녕 가야 하는 길인지
분간할 수가 없었습니다
당신은 항상 그 자리에 계신데
나만 헤매고 있었습니다
너무 늦었지만 이제라도
길을 찾아야 할 것 같습니다
어디선가 부는 한 줄기 바람이
서둘러 가라고 등을 떠밀고 있습니다

벽암록을 펼치며

황혼 지는 뜨락에서
어둔 눈 비비며
벽암록을 펼친다.

바람에 책장이 넘어간다.
달마가 사라지고
조주도 사라진다.

새가 꽃잎 물어 떨구는
푸른 바위는 없지만
안분安分이 너럭바위다.

내일은 저 앞개울에
발을 씻어야겠다.

바다로 간 진흙소

오래 전에 용산* 스님은
두 마리 진흙소가 싸우며
바다로 들어간 후 소식이 없다 했거늘
그 까닭을 모르는 후세의 중생들이
또 다른 진흙소가 되어
악다구니로 서로 싸우다가
어느덧 바다에 빠지고 있다

---

* 당대의 승려 마조도일(709~788)의 제자.

고찰古刹

임자 없는
텅 빈 암자.

뚫어진 문풍지 사이로
새어나오는 극락의 숨결.

누가 마시다 놔둔
물바가지에 보름달이 떠 있다.

'무장정정無障情淨' 낡은 현판이
낯선 객의 소매를 붙잡는데

솔바람 문득 불어
고요 속에 말없이 법문法門이 열린다.

산사 일기 1

새벽 바람이
마당을 쓸고 있다.
가을이 아직 한창인데
떨어진 잎들 벌써 무수하다.
절간의 삶이 어떠냐는 질문에
먼 곳만을 바라보던 노승이
언제부터인지 보이지 않는다.
선방禪房을 굳게 걸어 잠근
녹슨 자물쇠만이
간 곳을 아는 듯
가만히 달그락거리고 있다.

산사 일기 2

작설 몇 잎 띄워
늦은 오후 차를 마신다.

어제 온 비로
하루 종일 물소리 높다.

얼마 동안인가
바깥 소식 끊어진 지

감감한 채
궁금하지도 않은데

어느 틈엔가 은밀히
한적을 메우는
청솔모의 내방來訪.

산사 일기 4

한밤중 달빛이
내 방으로 잠입했다
귀뚜라미 소리도 따라 들어왔다
빛과 소리가 어울려
고요 속에 충만하다
이들은 내게 무슨 경經 하나 가르치려고
이렇게 나를 찾아온 것일까
홀연 어둠 속이 환하다
덕행德行을 베푼 달과 귀뚜라미가
밖에서 나를 지켜보고 있다

무상無常

미황사 뒤란의 동백이 피었는지
오래 전 남녘으로 간 친구가
도시의 무지렁이 내게
오라는 소식을 전해 왔다.
며칠 후 여장을 차리고
길을 나서는데
동백이 졌노라는
또 다른 소식이 닿는다.

낙법落法

산 중턱 떡갈나무 잎에서 졸던
자벌레 한 마리

몸을 뒤척이다 떨어져
저 아래 소나무 가지에 걸렸다

그곳에서 천연덕스럽게
또 다른 잠을 청한다

이제는 어지간히 내려온
하산 길에서

여여무심如如無心의
평안한 낙법을 본다.

반야봉을 보다

산을 오르는 사이
만상萬象이 눈에 보이다 사라졌다
만뢰萬籟가 귀를 스쳐 지나갔다

나의 눈과 귀를 어지럽히며
발길 멈칫하게 했던 것들
모두 어디로 떠났는가
내 안에 머무는 것 아무것도 없다

아직도 넘어야 할 능선들이 있어
종주를 계속해야 하는데
는개가 시야를 가리고 있다

다시는 그들에게 매달리지 않으리라
다짐하며 아무 미련없이
새로운 산행을 시작한다
까마득하던 반야봉이 얼핏 보인다

시다림尸陀林*

꽃이 피고
그 꽃 이내 지듯이

사철 깨어 있는 강물
하냥 흘러가듯이

이디선지 불어온 바람
어디로 가는가 묻지 말고

무심히 편안하게
왔던 길 돌아가게나

* 죽은 이를 위하여 설법하고 염불하는 것.

무애無碍

구름 속에 새들이 있는데
하늘은 새들을 감싸려는 듯
끝내 구름을 걷지 않는다
걸림이 없는 마음을 지닌 자만이
구름 속을 날고 있는
새들의 자유를 본다

미혹迷惑

지난 해에는 파릇한 새싹에
눈길이 가더니
올해는 꽃잎 지는 소리에
귀를 기울인다.
있다가도 없고, 없다가도 있는
새싹과 꽃잎인데
흔들리며 따라가고야 마니
이 무슨 집착이던가.
여래如來를 가까이 하기에는
나 아직 멀고 멀었다.

만어사萬魚寺*

일만 마리의 물고기가
산비탈을 치달아 올라오고 있다.
물고기의 생을 마치고
내세에 부처가 되려는 필사의 질주.
강바닥으로부터 올라오는 것인가
바다 깊숙한 곳에서 올라오는 것인가.
머나먼 길을 오면서
뭍에 몸을 비벼 비늘도 다 떨어지고
햇살에 검게 타버린 모습이,
검은 바위 되어 극락을 꿈꾸는 모습이,
너무도 장엄하구나.
예전에 이미 올라와
풍경에 매달린 물고기 한 마리가
소리 내어 절의 적막을 깨뜨린다.

---

* 경남 밀양시 만어사萬魚山에 있는 사찰. 미륵전 밑에는 고기들이 변하여 돌이 되었다는 만어석萬魚石이 첩첩이 깔려 있는데, 두드릴 때마다 맑은 소리가 나기 때문에 종석鐘石이라고도 한다.

소공조巢空鳥와의 만남

꿈에 내가 살던 집이 없어졌다
집은 공중으로 이리 저리 떠다녔다
나는 집을 잡기 위해 애를 썼지만
잡으려고 하면 집은 더 멀리 달아났다
갑자기 집 없는 신세가 된 나는
앞으로 어떻게 살까 걱정하며
집 있던 곳에 주저앉았다
그곳은 어느 새 묵정밭이 되어 있었다
어디에선가 허공을 둥지 삼고 산다는
소공조 한 마리가 내게 날아들었다

02

현자賢者

삶의 그늘을
아무나 드리우는 것은 아니다
사나운 비바람을 이겨내고
뜨거운 햇볕의 고통을 겪고 나야
비로소 그늘을 소유하는 자가 된다

삶의 혜안을
아무나 지니는 것은 아니다
보기 싫은 것도 헤아려 볼 줄 알고
보고 싶은 것도 참고 지나쳐야
참된 지혜의 눈을 갖춘 자가 된다.

월정사 전나무숲을 찾아서

삼월이 와도 겨울은 끝나지 않았다
문득 그대 부르는 소리 들려
추위에 한껏 몸을 움추리고
구부정히 그대를 찾아 간다
그동안 이곳에 와도
무심히 지나치기를 몇 번이던가
이제야 비바람을 견뎌낸
그대의 거친 피부가 보인다
오랜 세월 꼿꼿함을 위해
미처 추스르지 못한
그대의 살과 뼈도 보인다
아직도 봄이 멀었다는 소문 속에서
나는 오늘 비로소
그대의 무정설법無情說法과 마주하고 있다

중도中道

있고 없음을 누가 가를 수 있겠는가
있는 것 항시 있을 수 없고
없는 것 언제나 없는 것 아니다
내가 가진 것들 탁탁 털어 보니
있던 것들 많이 자취를 감추고
없던 것들 뜻하지 않게 내 곁에 있다
돌이켜보면 나 얼마나
있고 없음에 치우친 삶을 살았던가
새삼 빈 배에 달빛만 싣고 온다*는
어옹漁翁의 마음을 헤아리게 된다

---

* 월산대군 시조의 한 구절 "무심한 달빛만 싣고 빈 배 저어 오노라"에서 차용함.

조응照應

하늘이 비어 있기에
해 뜨고 달이 지고
구름 몇 점 허공에 걸려 있다.

저 거센 파도도
무한한 바다 아니면
가능키나 한 것이랴.

홍진을 떠난 고요
깊고도 넉넉하여
나 오늘
두두물물 마중하네.

쉬고 또 쉬라 하심은

일찍이 임제 선사께서
쉬고 또 쉬라* 하심은
아무 일 없이 쉬는 가운데
깨달음을 구하라는 뜻이었다는데
처서 지나 서늘해지니
이곳 저곳에서 들리는 풀벌레 소리
그대 진정 쉬었는가, 쉬고 있는가
벼락 같은 할喝이 되어
끊임없이 내 가슴을 파고 들고 있다.

---

* 망상과 잡념에 빠지지 말고 "쉬고 또 쉬어 아무 일 없이 지내라(휴헐무사거休歇無事去)"는 임제 선사(?~867)의 선어.

어느 화제畵題 1

– 깊은 숲속의 절

'깊은 숲속의 절'이라는 제목으로
그림을 그리라고 하면
어떻게 그릴 수가 있을까.
깊은 숲을 그려놓으면 절은 보이지 않게 되고
절을 그리면 깊은 숲을 그릴 수 없을 터인데.
그러나 그 옛날 도인道人 같던 한 화가는
깊은 숲 아래 냇물을 그려 넣고
냇물에 내려와 물을 뜨는 동자童子를 그려서
그 그림을 완성했다.
동자가 있으면 그가 사는 절이 있는 법.
눈에 보이는 것만이 있는 것이라고 믿는
속인俗人들로서는 가늠할 수 없는 일이다.

어느 화제 2

– '허공'

'허공'을 그려 내라는
스승의 지시에
한 제자는 아무 것도 그리지 않은
흰 화지를 그냥 냈고
다른 제자는 구름과 달이 떠 있는
하늘을 그려 냈다
스승은 구름과 달의 그림을 보며
고개를 끄덕였다

이승의 고치

사람 사는 일이 있는 것도 아니고
없는 것도 아니라는 그 말씀
칠십 나이 들도록 살고 보니
몇 번이고 고개를 끄덕이게 되는데
이제 이쯤에서 아무 미련 없이
이승의 고치를 벗어나 저 세상으로
날아갔으면 좋으련만
나는 왜 점점 이렇게
고치 속에 깊숙이 웅크리려고 하는가

해맞이 풍경

새해 해돋이 인파로
북적한 경포 바닷가
구름에 가려 해는 보이지 않고
사람들 실망하며
발길을 돌리는데
엄마 따라 나온 아이 하나
백사장에 주저앉아 막대기로
커다란 원을 그리며
웃고 있다

천화遷化*

– 故 강월도** 작가에게

그대 목선을 타고 떠난다고 했지
장작과 기름과 술을 싣고
취중에 바다 한가운데서 불을 질러
하늘로 불이 되어 날아오를 거라 했지
이제 생각해 보면 그대는
이 세상 살아온 흔적을 남기지 않는
깨끗한 승천을 꿈꾸었던 거야
비록 그대 목선을 구하지 못하여
제주 가는 배 위에서 바다로 몸을 던졌지만
그대는 예전에 고승들이 바라던
천화가 어떤 것인가를 보여주었네
홀로 캄캄한 바다로 들어가
예순 일곱의 삶을 마친 그대만의 장례가
천화가 아니고 무엇이었으리

---

* 임종을 앞둔 고승이 홀로 깊은 산 속을 향하여 걸어 들어가서 생을 마치는 것.

** 강월도(1936~2002) 극작가, 시인, 철학 교수. 파킨슨병에 걸린 그는 2002년 8월 21일 밤 제주로 가는 페리호에서 몸을 던져 생을 마감했다. 그의 시신은 50여일 후에 울릉도 근해에서 발견되었다.

그러나 죽음의 그 순간
그대 오랜 고독과 병마에서 벗어나
비로소 자유로운 영혼이 되어
소원대로 가볍게 하늘로 올랐으리
미련 없이 영원의 세계로 높이 날아갔으리

심지心地

마음이 제자리를 찾으려 할 때에는
바람도 가다가 쉬어 가고
산도 메아리 없이 냉가슴을 앓는다
우주의 한 구석 하찮은 미물이
생사의 덫에 걸려 부질없이 꼬물거리다
찰나에 사라지는 우리의 일생
만상萬象 또한 그럴진대
무엇이 그렇게 갖고 싶은 것이고
무엇에 집착을 할 것인가
알고 보면 주위의 모든 것들
얼마 안 있어 형체가 없어질 도반이니
미움도 서러움도 깨끗이 털어 내고
이제라도 제 마음을 찾아
내 갈 길을 가야 할 것 같다

세간世間의 늪

이제 몇 해 지나지 않으면 마음 먹은 대로 해도 좋다는 나이가 되는데, 집안을 둘러보니 살아오는 동안 늘어난 짐들이 너무나 많다. 세간살이를 버릴 줄 알아야 세간世間을 벗어날 수 있는 것인데, 한 순간 머물다 떠나는 이 땅에서 이 무슨 미망迷妄이던가. 마음을 헤아리고 비우면 저 세상에서도 편히 살 수 있다고 하거늘.

산중신곡山中新曲 1

계곡 물 흐르는 소리에
구름도 몸을 낮춰 산을 내려오고

어느 틈에 있었는가
갑작스런 산벚꽃, 매화는
앞다투어 피고 진다

잠시만의 개화 뒤에
이내 꽃비 되어 흩날리는 저 희열을
짐작할 이 있을까

무단역무장無短亦無長
유구한 광음光陰에 짧을 것도 없고
길 것도 없는 삶이거늘

사람 사는 아랫마을에
검은 구름 몰려간다

산중신곡 2

남녘 소문으로는
철 이른 매화 터진다는데

저 산 한켠에
때 아닌 눈발 흩날린다

봄인가 겨울인가
사람들 마음의 갈피도 어수선하다

겨울을 거두어 들이시게나
문득 들리는 소리

동안거冬安居 끝낸 노승이
바랑 짊어지고 산을 넘는다

서역 통신西域通信

석양을 등에 지고
휘청 휘청 섭다리를 건너니

푸른 연기 속에
초막 홀연 한 채

주인은 어디로 갔는지
아무 기척 없고

낡은 평상平床이 편안히
낯선 나그네를 맞고 있다

교융交融

어느 애벌레의 아름다운 영혼인가
나비 한 마리 조심스레
호숫가 꽃 위에 앉는다

잔잔한 물을 들여다보며
전생前生을 거슬러 오르던 꽃이
나비를 마중한다

팔월의 뜨거운 태양 아래
나비와 꽃이 교접을 하고 있다
법열法悅의 순간이다

봄이 오는 듯 가고

봄이 와도
오는 듯 가는 봄인데
꾀꼬리면 어떻고
종달새면 어떠한지요
매화 좋으면
복사꽃도 좋은 것 아닌가요
만행 중에 만난 봄길
그저 무심히 다닐 뿐
차별 두지 말라는
법전 스님의 말씀이
이 화사한 봄날에
바람 따라 귓가에 들립니다

나를 만나 보셨는지요

나를 만나 보셨는지요
지금까지 나의 깊숙한 곳에 처박아 둔,
내가 가야할 길을 가지 않고 방황할 때
안타깝게 나를 지켜본,
나를 한 번만이라도 만나려고 하셨는지요
내 안에는 백지 상태의 내가 있습니다
살아오면서 어려운 삶에 상처 입고
살기 위해 적당히 세상에 타협하느라
이 모습이 정말 나일까 할 정도로
내가 많이도 낯설게 변했지만,
빨리 만날수록 좋은 또 하나의 내가
나를 기다리며 내 안에 있습니다
이제는 지금의 나를 잊으시고
본래면목本來面目의 나를 만나 보시죠

발다로*의 사랑

오천 년 전의 사랑이
바다 건너 산 넘어
찾아옵니다
발다로가 어디인지 몰라도
두 사람의 사랑이
얼마나 뜨거웠는지
전해 오는 열기로
알 것 같습니다
그 사랑의 열이 갖풀로 녹아
유골 되어도
떨어지지 않았던 게지요
죽음의 두려움조차
멀리 물리쳤던 게지요
서로의 가슴을 열지 못하는
차디찬 우리들의 사랑
지금 부끄러워
고개를 들지 못하고 있습니다

---

* 2007년 2월 5일 이탈리아 북부 만토바 근처 발다로 지역에서 5,000여년 전 묻혔을 것으로 추정되는 남녀 유골이 발견되었다. 이 유골들은 서로 얼굴을 마주한 채 포옹한 모습이었다.

우문우답愚問愚答

달마가 서쪽에서 온 까닭은 무엇인가
동쪽에 길이 없어서이다
동쪽에 길이 있다면
달마는 어디에서 오는가
어느 쪽도 서쪽이다

이별 다리

오대산 상원사 가는 길에
섶다리 하나 놓여 있다.
여름 홍수에 떠내려가면
가을에 다시 세워져
만남과 헤어짐이 둘이 아님을 말하는
법문法文의 이별 다리.
만났다고 반가워할 것도 없고
헤어진다고 슬퍼할 까닭도 없건만
살아오면서 나 얼마나
이 상정常情에 얽매였던가.
오늘 이 다리 위에 서니
만남과 헤어짐만이 아니라
이 세상 대립된 모든 것들이
둘이 아님을 새삼 알겠네.

봉숭아 할머니

봉숭아물을 들이면
저승길이 밝아진다고
무디고 갈라진 손톱 위에
봉숭아 꽃잎 몇 개 올려놓고
행여 꿈이 달아날까
챙챙 실로 동여매시던 할머니.

소원대로 저승 길 밝아
저승 잘 찾아 가셨는지,
그곳에서 처음으로 마음 편하셔서
한 많은 이승 돌아보지도 않으시는지,

해마다 봉숭아꽃 피어
뜨락이 연붉게 환해질 때면
문득 문득 생각나는
우리 봉숭아 할머니.

따뜻한 고독

동강할미꽃

목민심서를 읽다 1

목민심서를 읽다 2

경계 허물기

고봉

그리움

불이선란도

블랙

안행

억장

여린 잎들 있어

상생 1

상생 2

여행

헌화가

인왕제색도

원이 엄마의 미투리

지심도 동백

워낭 소리

적선

작은 들꽃

03

따뜻한 고독

인적 드문 공원의 오후
허름한 차림의 한 노인이
비둘기에게 모이를 주고 있다
일행을 잃었는지 비둘기도 홀로이다
비둘기는 모이보다는
노인의 외로움을 쪼아 먹는 것 같다
오래도록 노인 곁을 떠나지 않는다
노인도 그런 비둘기가 좋은지
모이 주기를 공양하듯 한다
서로의 보살핌이 수묵화 한 폭이다
저녁 어스름도 이들을 위해
천천히 내려앉고 있다

동강할미꽃

– 동강할미의 말씀

그대들 동강에 오거든
내 얼굴만 보고 가지 말고
내 매무새만 살피다가 돌아서지 말고
슬픔과 한숨만 그득한 이 땅에서
툭하면 비바람 몰아치는 이 차가운 땅에서
왜 내가 뼝대*에 허리를 곧추 세우고 있는가
왜 고개가 무거워도 땅으로 떨구지 않고
하늘을 향해 들고 있는가
이 할미의 심지心志를 조금이라도 헤아리고 가게

---

* 뼝대 : 강원도 사투리 '절벽'을 뜻함.

목민심서牧民心書를 읽다 1

복사뼈에 구멍이 세 번이나 날 만큼
오랜 동안 몸을 바르게 하고
까닭 없이 죽어가는 여린 생명들
살릴 길 없을까 궁리궁리하는데
배소配所의 찬 바람은 끝내 그치지 않는가
어느 사이 문틈으로 새어 나오는
목마른 기침 소리.

목민심서를 읽다 2

해를 보지 않고
고개를 숙인 해바라기가 있다
달을 만나지 않고
저녁부터 시든 달맞이꽃도 있다
이 역천逆天의 삶으로 시달리는 무리 속에
웃음도 잊고 울음도 잊은 채
하릴없이 애만 타는 한 사나이가 서 있다

경계 허물기

경계를 짓는다는 것은
나의 세계를 만드는 일이다
나를 나 아닌 자들과 구분하는 일이다
그 경계로 나는 외로워졌고
나만을 위하게 되었다
산과 산 사이에 무슨 경계가 있는가
겹치고 겹치면서 이어질 뿐이다
강과 강 사이에도 경계는 없다
만나면 두 물줄기가 합쳐 더 크게 흐를 뿐이다
우리가 만든 수많은 경계를 허물어야 한다
빛이 있기에 그림자도 있는 것이며
나 아닌 자들이 있기에 내가 있는 것이다
겨울 가뭄 속에 쾌청한 하늘
하얀 구름이 동서를 가로 질러
유유히 흘러가고 있다

고봉高捧

예전에는 듣기만 하여도
마음이 넉넉해지는 말이 있었다.

고봉高捧.

되질이나 마질을 하면서
안다미로 쌓아 올린
인정人情의 질량.

언제부터인지 깎이고 덜어져
이제는 그 흔적조차
찾기 어렵다.

그리움

그대 갔어도
항상 그대와 함께 합니다

그대의 말
아직 내 귀에 맴돕니다

보이지 않아도
눈에 선하고

들리지 않아도
엿듣고 있습니다

그리움이라고 해야 할까요

불이선란도不二禪蘭圖*

-추사의 말-

문이 보이지 않아
문 안으로 들어갈 수 없다.

이십 여년 미련하게 문을 찾으니
문은 바로 지척에 있었고

이제 닫힌 문 열려
비로소 내 얼굴의 그늘이 걷힌다.

열 촉 남짓한 난을 치는
정적 속의 오후.

빼어난 모습은 아니지만
투박함 속에서 오히려 난의 본성을 안다.

난엽과 꽃대가 제대로 꺾이지 않아도
일체의 조화로움을 그 속에서 본다.

---

* 추사 김정희가 이십여 년간 난을 그리지 않고 있다가 1853~4년경 侍童 달준에게 우연히 손길 가는 대로 그려준 작은 난초 그림.

블랙*

블랙은 캄캄한 세상이 아니다
아무 것도 못본다는 것이 아니다
광명의 무한한 가능성이다
보이는 세상 곳곳이
오히려 블랙홀이다

보이지 않고 들리지 않는 이도
보고 들을 수 있다
블랙을 벗어날 수 있다
진심에서 우러나오는
누군가의
사랑이 있다면
희생이 있다면

* 반살리 감독의 인도 영화. 두 살 때부터 보지도 듣지도 못하는 미셸을 사하이 선생이 눈물겨운 희생을 하여 사회적인 한 인간으로 성장케 했으며, 노인이 된 사하이 선생이 알츠하이머 병에 걸렸을 때 이번에는 거꾸로 미셸이 정성을 기울여 사하이 선생의 기억을 떠올리게 한다.

안행雁行

그렇게 가는 것이구나

서로를 위한 간격을 두고
행여 누구라도 뒤쳐질세라
부단한 인고忍苦의 날개짓을 하며

더러 앞선 자가 힘들 때에는
울음으로 힘을 보태는
염려念慮의 대열

멀고 험한 길을 함께 가려면
그래, 그렇게 가야 하는 것이구나

억장億丈

내 것 하나 갖기 힘든 사람들이
하물며 쟁여놓는다는 것은
꿈도 꾸지 못하는 사람들이
언제 슬픔만 저렇게
가슴 속에 높이 쌓아서
무시로 요란한 소리를 내며
무너지는 것일까

여린 잎들 있어

여린 잎들이기에
서로 부딪쳐도
상처가 나지 않습니다.

여린 잎들이기에
바람 아무리 사나워도
서로 포개져 잠을 잡니다.

멀고 높기만 한 하늘도
어미 품 같이 보이는
여린 잎들의 세상입니다.

그들이 있기에
우리가 살고 있습니다.

상생相生 1

각시원추리 핀 자리 옆에
지난 해엔 보이지 않던
달개비꽃이 피었다

어느 새가 물어다 심었나
상생의 씨앗

청색 황색이 서로 어울려
아름다운 들꽃 누리이다

저 새, 이 세상을 끄덕이며
오래도록 날 수 있다면

내년쯤 저 건너편
달개비꽃만 보이던 자리에도
각시원추리 활짝 피리라

상생 2

달이 여치에게 내려와
노오란 이불을 덮어준다.

여치가 울음을 멈추고
따뜻하게 잠이 든다.

풀잎들도 그를 위해
편안하게 요를 펼친다.

하늘이 환히 웃으며
그들을 지켜보고 있다.

여행

아득히 떠 있는 섬도
마음이 다가서면
손에 잡힐 듯 가까운 섬이 된다

낯설고 험한 길도
꿈의 지도를 펼쳐 놓으면
아름다운 꽃길이 된다

누가 말했던가
떠나지 않는 것이
가장 멀리 떠나는 것이라고

헌화가

우리의 마음과 마음이
서로 닿지 못해

그 사이 천 길 만 길
낭떠러지가 생겼다.

그 중턱에 신기하게 핀
한 송이 꽃.

세상 물정 모르는 노인이
힘겹게 올라
그 꽃 꺾어 주고 간다.

인왕제색도仁王霽色圖*

비 그치니
인왕의 바위
그윽히 맑은 얼굴이다.

기와집 한 채 둘러싼
십여 그루 소나무들
모두 정정하다.

병든 벗이여, 건강하시게
저 나무들처럼.

염려하는 자의 애틋함이
안개로 퍼져 올라
골짜기에 가득차 있다.

---

* 겸재 정선이 오랜 친구인 사천 이병연의 병이 쾌유되기를 빌며 그린 진경 산수도.

원이 엄마의 미투리*

그 옛날 안동 땅 정상 마을에 살던
원이 엄마는
병든 남편 나으면 신으라고
삼껍질에 자신의 머리카락을
함께 엮어
사랑의 미투리를 만들었다.

그러나 아낙의 지극한 사랑도
병을 이기지 못해
남편은 서른의 젊은 나이에
저 세상으로 가고
그날로 미투리는
남편 따라 땅에 묻혀
다하지 못한
뜨거운 사랑의 숨을
캄캄한 속에서 내쉬었다.

---

* 이 미투리는 1998년 경북 안동시 정상동에 살던 조선시대 사람 이응태(1556-1586)의 무덤을 이장 하던 중 부인의 애절한 편지와 함께 발견됐다.

그로부터 사백여년 후
무덤 쪼개져
하릴없이 햇빛 본 미투리는
숨은 사랑을 들킨 것이
부끄러웠기 때문일까
육날을 모두 붉게 물들이고

가슴에 애틋한 사랑 하나
품고 살지 못하는 우리들은
아직도 끊어지지 않은
미투리의 질긴 사랑의 흔적을
신기한 듯 보고 있었다.

지심도 동백

동백꽃 보러 지심도 갔더니
꽃은 온 데 간 데 없고
붉은 마음만 잎 잎마다 매달려 있네
어떤 사람들의 이루지 못한
애틋한 사랑일까
그 마음 섬을 벌겋게 물들이고
저 멀리 바다까지 퍼져
아득한 그리움으로 반짝이네

워낭 소리

소와 더불어 평생을 살아온
봉화 마을 최노인이
그의 외곬 사랑을
소에게 주었다.

사랑으로 몸이 하나가 되니
노인이 수레 위에서 자면
소가 알아서 데려다 주고,
소가 앓아 누우면
노인이 아픈 곳을 먼저 안다.

우리가 헤아릴 길 없는
사랑의 워낭 소리가
청량산 한 자락을
휘감고 돈다.

적선積善

가을이 깊게 내게 다다르면서
비로소 나는
그동안 무심히 지나치던
걸인을 보았다.
구걸하며 내미는
청동빛 그의 손에서
삶의 내력을 보았다.
내가 미처 헤아리지 못했던
이 세상의 슬픔과 고통까지 보았다.

그가 나를
적선했다.

작은 들꽃

일찍이 대여* 선생은
서로 이름을 불러 주어야
의미 있는 존재가 된다고 했지만
나는 산책 길에서 우연히 만난
이 들꽃의 이름을 모른다.

가시 많은 엉겅퀴와
마구 뻗어 나간 칡넝쿨 속에
당당한 푸르름으로 그는 서 있다.

이름을 불러주지 않아도
엄숙한 화두로 내게 다가온
이 작고 온전한 우주.

---

* 대여(大餘) : 시인 김춘수(1922~2004)의 호.

04

선망羨望

늦가을 마른 잎 하나
바람도 없는데 무심히 떨어진다.

어디 한 군데 흠집도 없이
신수身手가 깨끗하다.

고종명考終命이다.

겨울의 길목에서

나의 뜰에는 이미 가을이 가고 없다
힘없는 햇살은 가지만 남은 감나무
서넛 까치밥 위에 머물고 있다
좀 더 먼 곳을 바라보게 되는 시간
뭔가 모를 그리움이
한 마장쯤 성큼 다가선다
무작정 떠나는 여행을 꿈꾸지만
돌아와서 더욱 추워지는
마음의 빈터가 두렵다
저만치 바람에 몸을 맡긴 낙엽들
또 다른 삶을 위해 죽음을 향하고 있는
그들만이 언제나 평화롭다

가을 가고 겨울 가면

소리없이 가는 가을입니다
그 쓸쓸한 끝자락에 매달려 봅니다
까닭 모를 눈물이 흐릅니다
돌아보니 아무 자취 없는
지나온 삶의 아쉬움 때문이겠지요
어느 것 하나 잠시 머무르다
가지 않는 것이 없음에
애써 마음을 달래봅니다
사람들은 가을이 깊어갈수록
점점 옷깃을 세우고 외로움을 키웁니다
나의 외로움도 그 속에 놓여 있습니다
이제 가을을 놓아주어야 할 때인 것 같습니다
내가 맞이해야 할 겨울도
그리 길지는 않겠지요

노경老境

머지 않아 팔순이 되는 큰고모가
눈이 점점 침침해지고
귀가 잘 들리지 않는다고
눈과 귀가 먼저
저승길을 가는 것 같다고
힘없이 웃으며 말씀하셨다.
그러고보니 숱 많던 머리칼도
저승길 앞서려고 떠난 것일까
큰고모 정수리가 환하니 길이 나 있다.
목련꽃 하나 둘 떨어지는
어느 봄날.

불찰不察

입동立冬 지나
집 앞 감나무에서 떨어진
감잎 하나

잎맥 사이 새겨진
무수한 비바람과 햇빛의 자취

내 곁에 있어도
미처 살피지 못했던
감잎의 일생一生.

아름다운 동행

당신의 이름을 염치없게 불러봅니다
제임스 로버슨* 씨.
그토록 사랑하고 돌보아온 아내에게
말기 암에 걸린 자신이 죽으면
중풍의 그녀를 돌볼 이가 없음을 알고
아내에게 사랑의 총을 쏠 수 있었던 팔순의 노인.
너무 총이 낡아 자신에게 겨눈 총알은 불발이 되어
아내와 함께 목숨을 끊지 못했을 때
얼마나 절망적이고 아내에게 죄스러웠을까요.
그러나 제임스 로버슨 씨
나는 압니다.
당신의 아내가 선혈을 흘리며 죽음을 맞이할 때
결코 당신을 원망하지 않았으리라는 것을.
어쩌면 고맙고, 당신이 살아서 더욱 다행이고,
먼저 천국에 가서 자리를 잡아

---

* 2006년 4월 25일 미 텍사스주 달라스에서 폐암으로 죽음을 앞둔 83세 노인 제임스 로버슨이 15년 걸친 중풍으로 말조차 하지 못하는 동갑내기 아내 메리를 권총으로 쏴 숨지게 한 사건이 발생했다. 로버슨 씨는 자신에게도 권총을 쏴 동반 죽음을 택했으나 권총이 낡아 뜻을 이루지 못했고, 그로부터 23일 후 그는 사망했다.

머지 않아 당신이 오시면 편하게끔 하리라고
떠나는 길을 서둘렀으리라 생각됩니다.
내가 생면부지의 당신을 떠올리며
이렇게 자꾸 눈물을 흘리는 것은
당신의 무한한 사랑이 너무 깊고도 넓어
내가 흉내조차 내지 못함에 절망하는 까닭입니다.
이제 당신은 더 이상 암과 맞설 수 없어
비로소 아내의 곁으로 갈 수 있게 되었군요.
아마 당신의 아내는 천국의 문 밖 멀리까지 마중 나와
미안함으로 머뭇거리는 당신을 어서 오라 손짓할 겁니다.
잘 가세요, 가서 영원토록
사랑하는 아내와 건강하고 행복하게 사세요
지상의 천사였던 제임스 로버슨 씨.

심중유산心中有山

일흔 삶에 이르러 바라보는 산은
더욱 깊고 그윽하다
더러 산새들은 날갯짓 하며 날고
계곡 물소리 초목들을 깨우기도 하겠다
누군가 산경을 찾아 헤매기도 하리
멀리 떨어진 누옥陋屋에서도
눈을 감으면 생생한 풍경
마음 속에서도 그득한데
굳이 산으로 들어갈 까닭은 없으리

터럭 한 잎 걸머지고

-故 최명길 시인에게

산이 부르는 소리가 들려
설악 깊은 곳 찾아 정좌하셨는가
그대 말씀대로
터럭 한 잎 걸머지고
우주 속으로 들어가셨는가
오월의 녹음 향그러운데
그대 홀연 자취 없고
그대가 남겨 놓은
맑은 그림자의 시들만
청음淸音으로 곳곳에 남아 있네
그러나 죽음이란 없는 것
다만 다른 삶의 길이 있을 뿐
이제 진정 콧구멍 없는 소*가 되어
풀피리 불고 한바탕 춤이나 추며
훨훨 정토淨土의 길 가소서

---

* '콧구멍 없는 소' : 최명길 시인의 시집 제목.

행복

살 날이 얼마 남지 않은
간암 말기 한 여인이
그녀를 위해 음식을 차리는 남편에게
하늘 한 스푼 바람 두 스푼을
찌개 그릇에 넣으라고 한다
남편은 알았다고 고개를 끄덕이고
살짝 그릇 뚜껑을 열고
하늘도 넣고 바람도 넣는
시늉을 하며 그녀를 쳐다본다
둘은 서로 환한 웃음을 짓는다
저 웃음이면
정말 하늘과 바람이
두 사람의 식탁 위에 오를 것 같다
우리는 감히 어쩌지도 못하는
하늘과 바람을
그들은 마음대로 불러들이고 있다

근황近況

요즘은 가까운 곳에 있는 것들보다
먼 곳에 있는 것들이 잘 보인다.
어느 새 가까이 있는 것들에
초점을 맞추지 못하는
노안이 되었다.
눈뿐만이 아니다.
나의 머리도 그와 같아
최근의 일은 잘 기억이 나지 않고
오래된 일은 새록새록 기억이 난다.
먼 곳만을 보라는 것
옛 추억이나 떠올리며 살라는 것
무슨 계시인지 알 것도 같다.

몽유도원夢遊桃園

어느 날 나는 꿈 속에서
무언가에 끌리듯이 집을 나섰다
내가 찾아간 곳은 어릴 적 장설壯雪의 마을
나무 가지마다 눈꽃이 달려 있고
대문 없는 집들이 고만고만 늘어서 있다
흐릿한 호롱불의 초가
아랫목에 놋주발의 밥 한 그릇을 묻어 놓고
종일 손자를 기다리시던 할머니는
어둠 속에 아직도 거기 계시고
거뭇한 등피는 익숙한 모습으로 안온하다
나를 반기시며 어서 들어오라는 할머니
그 뒤에 오래 전 세상을 떠나신
몇몇 낯익은 얼굴들도 손짓을 한다
정녕 이곳은 세월이 비켜간 것일까
풍경도 사람도 변한 것이 하나도 없다
나는 들어서지 못하고 머뭇거린다
어쩔 것인가 결코 어울리지 못하는
낯선 이방인이 된 것을
나는 무거운 배낭을 그대로 짊어진 채

끝내 발길을 돌린다
다시 마을을 떠나 돌아오는 길
등 뒤로 하얀 적막이 나의 존재를 묻고 있다

삭정이가 되고 싶네

나 죽으면 숲에 들어가
잘 마른 삭정이가 되고 싶네
거친 운명의 옹이를 모두 없애고
탐욕의 진액도 다 버린
가벼운 몸의 삭정이가 되어
정정한 나무들과 어울리면서
아름답게 헐벗은 풍경으로 있다가
땔감 구하러 온 농부의 손에 이끌리어
가난의 아궁이로 들어가면
아낌없이 활활 타
서러운 추위를 녹여주는
보시布施의 삭정이가 되고 싶네

석양의 강물을 바라보며

흘러간 과거가
저처럼 빛날 수만 있다면
얼마나 좋으랴

석양이 드러누운 강물
그 강물 위에선
웃음도 빛이 나고
눈물도 빛이 난다

흐르는 대로
몸을 맡긴 강물과
저물어도 아름다운 석양

그곳에선 슬픔도 기쁨도
다만 빛이 될 뿐이다

아뉴스 데이*

꽃은 어제를 돌아보지 않는다
햇빛의 보살핌을 받았으면 받은 대로
비바람에 지쳤으면 지친 대로
어제에 감사하며 오늘 맨얼굴을 드러낸다

꽃은 내일을 꿈꾸지 않는다
날이 새면 그냥 가지에 있을 수도 있고
가지를 떠날 수도 있다고 생각한다
순명順命의 삶을 살기에 꽃은 아름답다

* 아뉴스 데이(Agnus Dei) : 라틴어로 '하느님의 어린 양'이란 뜻.

투영投影

예순 넘긴

늘그막에 이르러서야

나의 그림자가 항상

나를 따라다닌다는 것을

알았다.

그림자 한층 길어지는

고적한 오후.

구름이 있었는가

어디서 왔는지 모를
구름 한 점
떠 있는가 했더니
홀연 자취도 없구나

정녕 구름이 있었는가
오고 감을 모르니
있고 없음을 말할 수 없구나

천 년의 바위
말없이 지켜보는 까닭을
이제야 알겠구나

눈길을 걸으며

아무도 들어서지 않은
눈 내리는 숲길을 걸어간다
순백의 화판에 낙인을 찍듯
걸음마다 어지러운 발자국을 남긴다
얼마 후 뒤를 돌아보니
펄펄 내리는 눈이
염치없는 나의 회사繪事를 덮어
지나온 흔적 하나 없다
눈은 나더러 마음 쓰지 말고
그냥 앞만 보고 걷기나 하라 한다

황홀恍惚

마음 속이 빛으로 가득하다가
순간 사라진다
그러기를 반복한다
빛이 없을 때
어둠이 빛을 떠받치니
빛은 더욱 밝아져
나의 마음을 비춘다
빛과 어둠의 드나듦이 만든
포용의 눈부심
진정 황홀하다

오두막집에 램프를 켜고

오늘은 나 여기서 묵고 가리니
사랍문이 손을 잡아끄는 대로
시간의 빗장을 열어젖히고
낮은 문지방 지나
묵은 먼지 속의 방에 들어서서
세월을 털고 마음을 쓸면서
누구도 돌보지 않던 램프를 켜리.
그러면 눈 속에 묻힌 이 오두막집은
오랫동안 쌓였던 눈을 비집으며
철 이른 복수초꽃 노랗게 피우고
하늘의 별들을 불러 모아
나의 지난 삶의 고단한 봇짐을
풀어놓게 하리.
이 순간 나의 휴식을 시작되고
곤한 잠 속에 눈과 귀는 열려
비로소 나는 그동안 까맣게 잊었던
유년의 마을을 헤매고 있으리.

저문 날 배를 기다리며

날 저무는 강가에 닿아
내가 타고 갈 배를 기다린다
지금은 배도 없고
사공도 없지만
사공이 배를 가지고 올 것이다
생각보다 오랜 시간이 지체되었다
어서 가라는듯
갈대가 심하게 흔들린다
강을 건너면
누가 나를 마중 나올 것인가
전송하는 이 없듯
반겨줄 이 없는 강안江岸에
나 홀로 내릴 것이다
사공은 나를 내려 놓고
무심히 뱃머리를 돌릴 것이다
강안에서 바라보는 이곳에
나의 흔적이나 있으려나
나 떠나면 갈대는 흔들리지 않을 것이다

해설

유심의 길에서 부른 유심의 노래

정효구
(문학평론가, 충북대 교수)

유심惟心의 길에서 부른 유심唯心의 노래

정효구(문학평론가 · 충북대 교수)

1. 유심惟心의 길로 접어든다는 것

박호영 시인이 한국현대시를 가르치는 대학 교수로서의 임무를 다 마치고 서울을 훌쩍 떠나 강릉으로 이주하였다는 소식을 들었을 때 나는 백두대간 너머의 신화지대를 상상하였다. 나에게 백두대간 너머의 영동지역은 언제나 역사 이전 혹은 인간사 이후를 떠올리게 하는 신화지대로 내재돼 있었고, 나는 난처한 역사와 인간사 앞에서 허둥댈 때마다 그 신화지대에 살을 대고 숨을 고르며 살아갈 힘을 얻곤 했다.

심상지리를 동원해서 말한다면 백두대간은 이 땅에서 엔트로피의 첫새벽이자 출발지점과 같은 곳이다. 그런 맥락에서 볼 때 백두대간 너머는 아예 엔트로피의 작동기제가 사라져버린 '무無'의 땅이자, '영원'의 땅이고, '공空'의 땅이다. 반복한다면 '무심無心'의 땅이고, '본원本源'의 땅이며, '신화'의 땅이다. 보통 사람들도 이런 기미를 직감으로 눈치 채고 살아가는지, 그들 또한 이 백두대간 너머의 땅을 순례하듯 찾아가거나 동해바다를 사무치는 마음으로 옆구리에 끼고 해안도로를 마구 질주한다.

의식의 차원에서 볼 때 이와 같은 장소로의 간절한 이주는 그 사람의 정신적 토대라고 할 수 있는 무의식의 이동이 이루어졌다는 것과 같다. 누군가의 무의식이 신화지대에 자리를 잡고 있을 때, 그가 누구든 이 목소리를 거부할 수가 없다. 그런 점에서 박호영 시인이 강릉으로 거처를 옮기고 그 거처의 당호인 '의산재宜山齋'의 주인이 된 것은 하나의 개인사적 사건이자 문학적 사건이라 할 수 있다.

강릉 의산재의 주인인 박호영 시인은 이곳에서 다른 것이 아닌 '유심惟心'의 시간을 무르익힌다. 유심이란 말은 문자 그대로 해석할 때 '진리를 생각한다는 것'이다. 이 '유심'은 만해 한용운이 오도悟道 이후(1918년)에 창간한 잡지의 이름이기도 하다. 만해는 유심을 '惟心'이라 표기하고 이 말의 함의처럼 '진리탐구'의 대중화와 사회화의 길에 나섰다.

박호영 시인이 강릉 의산재에서 이와 같은 '유심'의 시간을 가진 결과가 이번 시선집 『아름다운 적멸』의 근간을 이룬다. 짐승의 피가 짙은 인간은, 이 진리를 생각하기 시작할 때 철학자가 되고, 시인이 되고, 명상인이 되면서 짐승의 피를 승화시킨다. 그야말로 인간이라는 종種의 그 지긋지긋한 중생심衆生心과 중생성衆生性을 벗어나서 잃어버린 본성의 참모습을 만나기 시작한다. 이런 유심의 시간을 갖기에 백두대간 너머의 시원의 땅처럼 적절한 곳은 달리 없을 것이다. 그곳은 한국의 바라나시이고 세도나이다.

박호영 시인의 시선집 『아름다운 적멸』 속의 제1부와 제2부에 수록된 작품들엔 이런 유심의 본처를 탐구한 시들이 밀집돼 있다. 그는 맨앞에서 말하기도 읽기도 조심스러운 불가의 '적멸'을 불현듯 꺼내고는 이후에도 지속적으로 이를 언급하고 있으며, 해공解空 제일의 수보리 존자를 불러내어 공성의 비유처인 '빈거울'의 절박성을 역설하는가 하면, 동아시아 선종사의 제2조에 해당되는 혜가慧可 선사를 떠올리며 진리를 위해 단호하게 죽는 일의 비장함과 신비함을 말하기도 한다.

또한 그는 '절'이란 물리적 형태나 공간이 아니라 심층의 보이지 않는 마음이라는 사실을 깨우쳐 주고 있으며, 현상계 너머를 관통한 자의 화두이자 『금강경』 어법의 일미인 '즉비卽非'의 논리를 펼쳐 보이기도 한다. 그뿐만이 아니다. 그는 '월인천강月印千江'의 비유를 통하여 진리의 무아성과 무한성을 강조하기도 하며, 공안집인 『벽암록』 속의 주조음인 선사들의 살불살조殺佛殺祖의 놀라운 부정성을 활발하게 드러내 보이기도 한다.

그런가 하면 그는 악다구니하면서 사는 중생들의 마음과 삶을 일시에 무력화시키는 '바다의 설법'에 대해서도 이야기하고, 스님 없는 빈 절의 쓸쓸함과 허술함 가운데서도 변함없이 진리가 살아서 활동하는 이른바 '진리의 평등성'에 대해서도 이야기하고 있다. 이와 같은 박호영 시인의 '유심의 시간'은 '불출동구不出洞口'의 부동성과 자족성을 전해주는 데로 나아가기도 하고, 밤 속에 깃든 우주만유의 무심한 덕행을 발견하게 해주는 데로 나아가기도 한다.

'유심의 시간'은 끝이 없다. 그것은 깊어질수록, 오래될수록 다채로워진다. 그야말로 보이지 않던 세계가 시인의 눈에 보이기 시작하기 때문이다. 그러고 보면 시는 노력의 소산이라기보다 '유심의 소산'이라고 말하는 것이 적절할지도 모른다.

조금 더 이어가자면 박호영 시인은 그의 시에서 어떤 것 앞에서도 태연해지는 하산과 낙법의 길을 보여주고 있으며, 만상과 만뢰의 엄습을 '반야봉'이라는 산봉우리 이름처럼 반야의 단호함으로 해체시키는 일도 전해준다.

지금까지 언급한 실례들은 제1부의 작품들을 순서대로 자료로 삼아 제시한 것이다. 따라서 글의 호흡과 균형을 맞추기 위하여 제2부에 수록된 몇몇 작품들을 조금 더 언급하기로 한다.

그는 제2부의 첫 작품인 「현자」에서 지혜인이 되는 일과 지혜인이 만들어내는 음덕으로서의 그림자에 대하여 이야기하고 있다. 지혜란 유심의 시간을 보낸 자만이 갖출 수 있는 것으로서 지혜의 부족은 우리의 인생 전체를 고통스럽게 만든다.

이어서 그는 「월정사 전나무숲을 찾아서」에서 전나무숲의 심연을 보고 거기서 들려오는 무정설법에 감응한다. 그리고 「중도中道」라는 작품에서는 생사유무의 초월과 부재를 깨침으로써 스스로의 삶이 부끄러워지는 현실을 고백하고 있다. 중도야말로 유심의 시간을 거친 이가 만나는 진리의 한가운데이다. 또 다른 작품 「어느 화제畵題 1- 깊은 숲속의 절」에서는 보이는 것만을 전부라고 생각하며 단견 속에서 사는 인간들을 안타까워하고 있다. 그리고 이 작품과 연작을 이루는 「어느 화제 2- 허공」에선 허공이란 단순한 없음이 아니라 묘유妙有의 한 모습임을 보여주고 있다.

이 정도만 해도 박호영 시인이 탐구한 진리의 모습과 그 특성을 그려볼 수 있을 것이다. 그는 진리 가운데서도 불가의 진리를 중점적으로 탐구하였고 그에 의거한 진리의 실상들을 시로 형상화하여 드러낸 것이다. 생각해보면 우주의 진리는 하나이다. 그 가운데 불가에서 본 진리의 형상은 인류가 '유심'의 시간을 통하여 통찰한 매우 고급스럽고 체계적인 양태를 갖고 있다. 그런 진리와 박호영 시인의 만남이 이 시선집에 깊이를 더하고, 언어를 다채롭게 해주고 있다.

2. 유심唯心과 유심唯識 사이에서 자재해진다는 것

불가는 유심惟心의 끝에서 유심唯心을 말하였다. 그리고 이 유심唯心과 대비되는 한 세계로서 유식唯識을 말하였다. 따라서 '유심惟心, 유심唯心, 유식唯識' 사이의 상호성을 이해할 때 불가의 인식론과 세계관을 심층적으로 만날 수 있다.

유심唯心은 『화엄경』의 '일체유심조一切唯心造'라는 구절에 근거를 두고 있다. 그때 유심은 '오직 진리'라는 뜻으로 해석할 수도 있지만 식심識心과 지심智心이라는 두 가지 마음을 모두 포함하는 뜻으로 볼 수도 있다. 마음엔 두 가지가 있는데 그 하나는 식識의 마음이고 다른 하나는 지智의 마음이라는 것이다. 식의 마음이 인간존재의 진화과정에서 만들어진 '아상我相'의 마음이라면 지의 마음은 인간 존재의 생존이나 아상 등과 같은 협소한 세계를 넘어서서 영원처럼 존재하는 '진리의 세계'이다. 이런 진리의 세계는 인간존재의 삶 속에 그대로 들어 있다는 것이 불가의 견해이다. 그러나 인간들은 생존과 아상에 의하여 만들어진 식의 마음을 주인으로 삼고 그것에 매달려 사느라고 이 진리의 세계를 모르는 자가 된다는 것이다.

불가에서는 이와 같은 인간생존과 아상에 의하여 만들어진 인식작용을 '유식론唯識論'이라는 매우 심도 있고 설득력 있는 관점에 입각하여 체계적으로 설명한다. 그리고 이 인식작용의 산물이 환영임을 말해준다. 말하자면 그것은 인간존재가 살기 위하여 만들어낸 하나의 '상相'에 불과하다는 것이다.

그러나 이 상은 힘이 있고 오래된 것이며 인간들은 이 인식작용을 그치기가 어렵다. 비록 이 상과 인식작용이 주관적이며 반딧불과 같은 밝음밖에 갖지 못한 불구의 것이라 하더라도 인간들은 이것에 의지하여 살아왔고 이것을 통하여 인간사를 만들어왔던 것이다. 이를 가리켜 인간의 조건이자 숙명이라고 한다면, 인간들은 이런 조건과 숙명을 온전히 떠나서 살기 어렵다.

시를 쓴다는 것은 이와 같은 인간들의 인식작용과 상의 창조에 의해 가능하다. 그런 점에서 시는 생존의 장르이고 인간의 장르이며 아상의 장르이다. 그러나 고차원의 시는 이와 같은 인식작용과 상의 창조를 넘어서고자 한다. 말하자면 지심智心으로서의 유심唯心의 세계를 만나거나 통과하거나 그리워하는 것이다. 요컨대 대상을 두고 있다는 의미에서의 상대성에 의한 인식체험을, 대상을 끊었다는 의미에서의 절대성에 의한 일심의 체험으로 전변시키는 것이다. 이런 전식득지轉識得智의 세계를 알 때, 식심으로서의 유심과 지심으로서의 유심은 회통될 수 있다. 전식득지의 고전적인 길뿐만 아니라 전지득식轉智得識의 가역적인 길도 가능한 것이다. 식과 지, 유식과 유심, 인간적 현상계와 우주적 실상계가 서로를 탄생시키며 만날 수 있는 것이다.

박호영 시인의 시선집 『아름다운 적멸』 속에서는 이와 같은 두 차원이 편안하게 만나며 교호작용을 하고 있다. 지심의 세계를 거쳐서 나온 식심의 세계와 식심의 세계를 창조한 지심의 세계가 어우러져 있는 것이다.

시승詩僧들의 시에서, 또 시심詩心과 도심道心을 한 자리에 앉힐 수 있는 다양한 지혜인들의 시에서 이런 모습은 일상처럼 나타난다. 근대에 들어와 이와 같은 전통이 약화되기는 했지만 마음의 고처高處를 동경하는 시인들의 시에선 여전히 이런 모습이 살아있다.

박호영 시인의 시선집 『아름다운 적멸』 속의 제3부와 제4부에서 이런 작품들을 많이 만나볼 수 있다. 사실 그의 시선집 어느 곳에서도 이런 모습은 근간을 이루고 있지만 앞장에서 다룬 제1부와 제2부가 진리 자체를 탐구하는 데 주력함으로써 마치 불가의 '반야부'와 같은 역할을 한다면, 제3부와 제4부는 인간적 현실에서 시작하고 그리로 돌아와 포월包越의 길을 가는 초기 아함부나 후기 법화부 혹은 정토부 등과 같은 역할을 한다.

박호영 시인은 그의 작품 「따뜻한 고독」에서 허름한 차림의 노인과 일행을 잃은 것 같은 비둘기 한 마리가 늦은 오후의 공원에서 서로의 외로움을 위로하듯 '공양供養'의 수묵화를 창조하고 있는 모습에 대하여 이야기하고, 「동강할미꽃-동강할미의 말씀」에선 슬픔과 한숨의 땅인 동강의 현실을 극복하고자 하는 할미꽃 한 송이가 일어서는 '심지心志'의 위대함을 이야기하며, 「목민심서를 읽다1」 과 그 후속편에선 역천의 현실 속에서 애를 태우는 유배지의 진인眞人을 전한다. 그리고 「고봉高捧」에선 고봉에 담긴 인간들의 마음에 깃든 초월적 질량을, 「그리움」에선 부재와 떠남이 단절이 아니라 그리움으로 이어지는 연속의 원천임을, 「블랙」에선 개인적, 시대적 어둠이 실은 광명의 가능태임을 말하고 있다.

현실과 진실, 현상과 실상, 이곳과 본처本處, 중생과 붓다가 서로에 의지하여 하나로 이어지며 존재와 삶을 긍정과 조화의 경지로 들어올리는 모습이 앞에서 열거한 작품들은 물론 그의 다른 작품들 속에서도 큰 힘을 발휘하며 시인의 정신세계를 가늠하게 한다.

3. '아름다운'이라는 형용사를 바칠 최후의 세계를 만났다는 것

박호영 시인의 시선집 『아름다운 적멸』을 만났을 때, 무엇보다 먼저 많은 생각을 하게 하는 것은 그 제목에서 느껴지는 과감함과 다소 어색한 듯한 두 언어의 결합상이다. '적멸'은 그 말을 마주하는 사람에게 큰 충격을 주기에 부족함이 없는 우주적 언어이자 세계이고, 이 '적멸'을 수식하는 말로 선택된 '아름다운'이라는 형용사 역시 낯을 가릴 만큼 조심스러운 인간계의 숨어 있는 은어이자 세계이기 때문이다. 따라서 이러한 '적멸'과 '아름다운'이라는 두 언어가 결합되어 만들어진 '아름다운 적멸'이라는 제목 앞에서 우리는 한동안 말을 잊고 다른 세계를 이국처럼 거쳐 나와야만 비로소 시집과 함께할 수 있을 것 같은 느낌을 갖게 되는 것이다.

실로 우주적 진실상인 '적멸'도, 인간적 진실상인 '아름다움'도 우리에겐 도달하기 어려워서 추상화만 같게 느껴지는 고처이다. 그러나 우리는 이들이 있고 이들을 안다고 생각함으로써 앞으로 향하는 발걸음을 지속적으로 내디딜 수 있고. 이들에 의지하여 인생의 완주자가 될 수 있다.

박호영 시인의 이번 시선집과 관련하여 이 '적멸'과 '아름다움,' 그리고 이 둘의 결합상인 '아름다운 적멸'이라는 말이자 세계는 새로운 주목을 받을 필요가 있다. 그것은 이번 시선집이 박호영 시인에게 도저히 구체적 현실이라고 받아들일 수 없는, 사랑하는 큰아드님을 지난 늦은 봄날 무력하게 떠나보내야만 했던 이승에서의 뼈아픈 이별과 연관돼 있기 때문이다.

우리들 모두는 죽음의 문제 앞에서 허둥댄다. 이 난제를 풀기 위해 사전에 공부를 제아무리 많이 하여도 그것이 임박한 현실로 다가올 때 우리는 숨이 막힌다. 그렇다면 이 문제를 어떻게 풀고 해결해야 할까? 쉬운 답이 없다.

그러나 그런 가운데 한 가지 오래된 답이 '적멸'을 직시하고 포착하고 신뢰하는 것이다. 이는 불가에서 진리를 표상하는 대표적인 표현이거니와 이는 우리에게 잘 알려진 반야부 경전의 핵심 경전인 이른바 「반야심경」의 주제인 '공空'의 세계와 같다. 우리가 불가의 경전들 가운데서 매우 익숙해하는 이 「반야심경」은 '공'의 세계를 통하여 일체의 고액苦厄을 넘어설 수 있다고 전한다. 그러면서 그 공의 세목으로 불생불멸不生不滅, 불구부정不垢不淨, 부증불감不增不減과 같은 것들을 열거한다.

공의 세계, 다시 말하면 일어난 것도 사라진 것도 없는 세계, 가치가 더 있는 것도 그렇지 않은 것도 없는 세계, 늘어났다고 할 수도 없고 줄어들었다고 할 수도 없는 그 중도의 세계를 직시할 때 인간의 시각과 문법에 갇힌 인간적 현상계의 파도와 해일은 멈추게 된다는 것이다.

그런 점에서 석가모니 붓다를 '의왕醫王'이라고 부르듯이 '적멸'은 인간적인 일체의 파도와 해일을 본처로 되돌려 잠재울 수 있는 '지혜의 신'이다. 수많은 사람들이, 수많은 시간 동안, 수많은 인간적 파도와 해일을 잠재우고자 노력해온 것이 인간들의 정신사이고 지혜사이거니와, 그 가운데서도 '적멸'을 발견한 불가의 직관과 상상력은 실로 놀라운 힘을 갖고 있다. '적멸'은 그동안 수많은 사람들을 치유해주었고, 지금도 그러한 역할을 하고 있으며, 앞으로도 그 역할은 줄어들지 않을 것이라고 여겨진다.

박호영 시인은 이 '적멸'이란 말이자 세계 앞에 '아름다운'이라는 형용사를 바쳤다. 그것은 큰아드님과의 이별을 그가 승화시키고 긍정하며 해결할 수 있는 최선의 길이었으며 이승과 본처를 하나로 결합시켜 생사를 넘어설 수 있는 오래된 지혜와의 만남이었다.

'적멸'은 어떤 말로도 수식이 불가능하지만, 처한 자리에 따라서는 또 어떤 말로도 수식이 가능한 대처大處이다. 그 대처에 박호영 시인은 '아름다운'이라는 수식어를 바침으로

써 그의 아픔을 의미의 차원으로 전변시켰다. 그리고 세상과 화해할 수 있었다.

벚꽃 떨어지고 있다

소리 없이 가는 하얀 적멸

한 순간의 삶에도 아무 미련 없으니

땅 위에 누운 모습마저 아름답다

–「아름다운 적멸寂滅」 전문

위의 인용시는 이번 시선집의 제목으로 선택된 작품이자 맨 앞에 수록된 작품이다. 시인은 봄날에 떨어지는 벚꽃 잎을 보며 그것을 "소리 없이 가는 하얀 적멸"로 읽는다. 벚꽃의 개화도 그러하거니와 낙화 또한 '적멸'의 한 양태로 보는 것이다. 실로 삶과 세계 전체를 적멸의 운행으로 볼 때 우리는 초연한 자리를 얻는다.

위의 인용시에서 시인은 이어 벚꽃의 낙화야말로 한 찰나에도 미련을 두고 집착하지 않는 '무주행無住行'의 길을 가는 것이라고 본다. 세계를 머무르게 하며 집착하는 것은 인간의 허술한 인식작용이 빚어내는 해프닝일 뿐, 세계는 한 순간도 머무름이 없이 흘러가고 있다는 것이 과학적 진실이자 우주적 진실임은 여러 곳에서 언급되고 있다.

다시 위 인용시에서 시인은 이 적멸의 운행, 무주의 길을 감으로써 마침내 완전히 대지와 하나가 된 낙화의 최후가 '아름답다'고 말한다. 불가에서 그토록 강조하는 대로 차별심, 취사심取捨心, 간택심揀擇心을 내려놓으니 낙화의 최후조차 아름다운 모습으로 적멸상을 구현하고 있는 것이다.

지금까지의 글을 읽어온 사람이라면 '적멸'과 '아름다움' 그리고 이 둘을 결합시킨 '아름다운 적멸'이라는 말의 함의를 이해할 뿐만 아니라 전율과 감동이 함께하는 공감의 시간도 가졌을 것이다. 그러면서 우리가 살고 있는 이 인간계뿐만 아니라 중생계의 당혹스러움과 난처함을 해결하고 극복하는 하나의 오래된 길을 보았을 것이다.

4. 글을 마치면서

일찍이 1979년에 신춘문예(『조선일보』)를 통해 문학평론가로 등단하여 평론활동을 하였고, 평생을 시학자이자 시를 강의하는 대학교수로 살아온 박호영 시인이 뒤늦게(?) 2002년도에 시인으로 등단하여 시작활동을 하며 시를 써온 것은 무슨 의미를 갖는 것일까? 나는 그 속내를 다 알 수 없으나 다음과 같은 몇 가지 의미를 짐작해본다.

그 하나는 과학을 자처하는 학문의 언어와 어쩔 수 없이 2차 텍스트의 운명을 지니고 있는 평론의 언어로는 감당할 수 없는 몸의 언어와 체험의 언어 그리고 무의식의 언어가

강하게 칭얼대며 그 존재를 알려온 것이 아닌가 한다. 이것의 노크가 약하면 어느 정도 시쓰기를 포기하고 살아갈 수도 있지만 그 노크가 강하고 지속적이면 그것에 굴복하지 않을 수가 없기 때문이다. 그런 점에서 박호영 시인에게 뒤늦게 시를 쓴 일은 그의 실존을 조화롭게 만드는 한 길이었다고 생각된다.

그 둘은 이 글을 시작하는 앞자리에서 언급한 이른바 '신화지대'가 그의 무의식의 지배적인 영토가 될 만큼 그 비중을 크게 하고 있었다는 것이다. 박호영 시인의 시가 지닌 성격을 볼 때 이 점은 쉽게 이해가 되거니와, 신화지대, 달리 말하여 영성靈性의 영역이 심중의 저변을 구성하고 있을 때 시쓰기를 하지 않고 삶의 길을 건너뛰기는 어렵다. 그런 점에서 영성의 영역은 시성詩性의 영역이다.

마지막으로 한 가지 더 언급한다면 박호영 시인에게 시쓰기는 수행의 일종이라는 생각이 든다. 근대학문과 평론의 힘으로 구현하기 어려운 수행의 길은 인간사의 매우 오래된 전통인 시쓰기의 행위를 통하여 그 뜻을 실현하는 것이 적절하다. 많은 이들이 공감할 것이라 생각하는데, 자유와 개성을 최우선의 자리에 둔 근대시의 문법으로는 이 점이 온전하게 이룩되지 않을 때가 많다. 그런 점에서 박호영 시인이 직·간접으로 시심과 도심을 한 자리에서 아우르는 이전의 시적 전통에 맥을 대고 있다는 것은 눈여겨 보아야 할 부분이다.

박호영 시인은 서문에 해당되는 「시인의 말」에서 이제 더 이상 시를 쓰지 않을 것처럼 전하였다. 그러나 그가 시를 쓰든 쓰지 않든 그의 마음자리는 신화지대이자 영성의 지대에서 무르익어갈 것이라 생각되며, 그것이 그의 삶에서 발하는 환한 빛을 더 환하게 만들어주는 원천이 될 것이라 여겨진다.

아름다운 적멸

지은이 · 박호영
펴낸이 · 유재영
펴낸곳 · 주식회사 동학사

1판 1쇄 · 2021년 10월 15일
출판등록 · 1987년 11월 27일 제10-149

주소 · 04083 서울 마포구 토정로53 (합정동)
전화 · 324-6130, 324-6131 | 팩스 · 324-6135
E-메일 | dhsbook@hanmail.net
홈페이지 | www.donghaksa.co.kr
www.green-home.co.kr

ISBN 978-89-7190-791-7 03810

이 책은 2021년도 재단법인 강릉문화재단 Gangneung Culture & Arts Foundation 에서 사업비 일부를 지원받아 제작되었습니다.